AF373774

PANÉGYRIQUE

DU

BIENHEUREUX JEAN-BAPTISTE DE LA SALLE

PRONONCÉ

PAR

le R. P. FLORENCE

Supérieur de l'Aumônerie de Notre-Dame du Refuge

le 13 Juin 1888

POUR LA CLOTURE DU

TRIDUUM SOLENNEL

célébré à la Cathédrale de Bayonne

BAYONNE

IMPRIMERIE ET LIBRAIRIE L. LASSERRE

rue Orbe-Gambetta, 20

—

1888

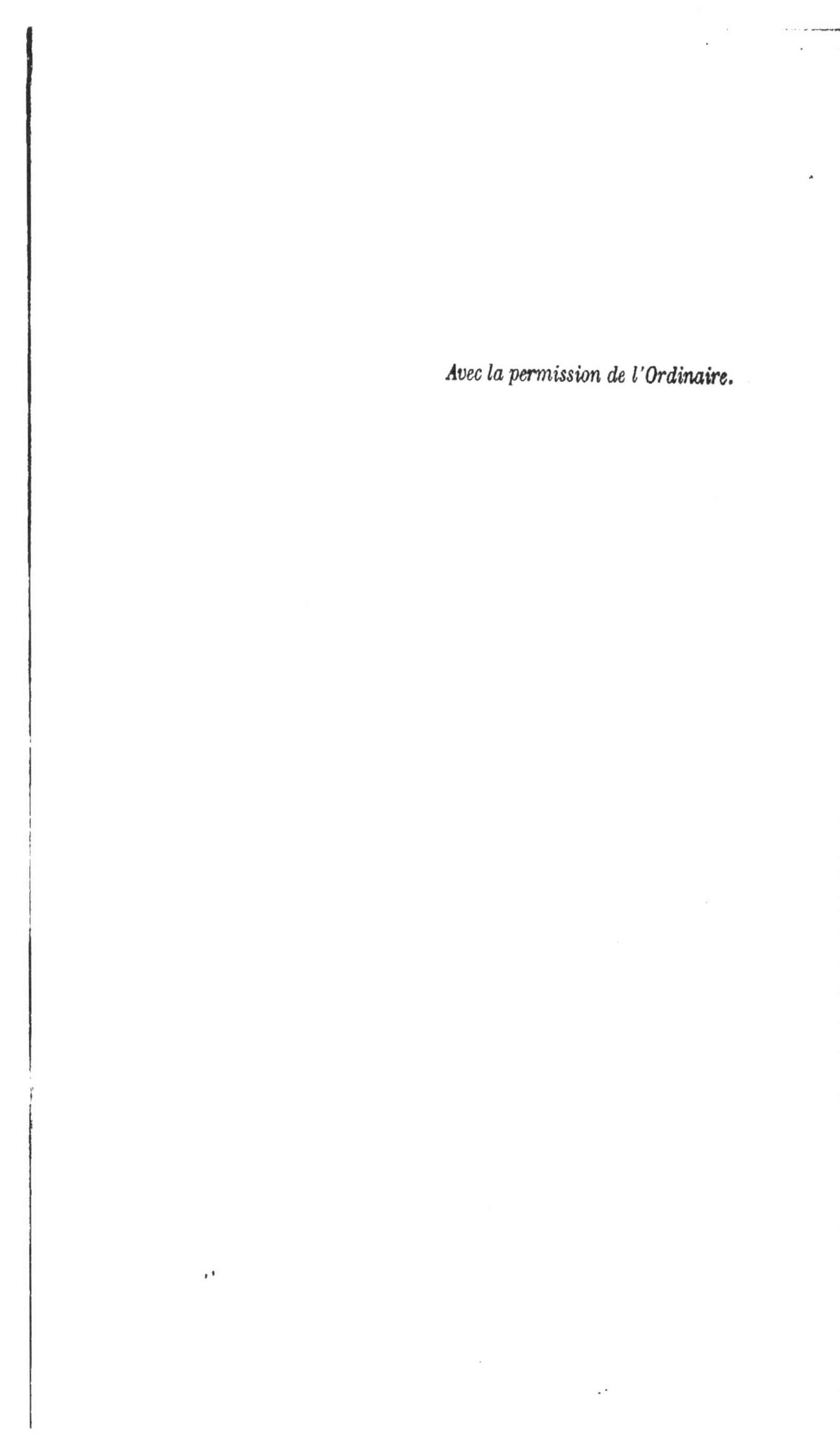

Mirabilis Deus in Sanctis suis.
Dieu est admirable dans ses Saints.
(Psalm. lxvii, 36).

MONSEIGNEUR, (1)

MES FRÈRES,

Cette parole est l'expression de l'œuvre de Dieu la plus parfaite au ciel et sur la terre : au ciel, où tout resplendit de la gloire des Saints ; et sur la terre, où tout est embaumé du parfum de leurs vertus. Au ciel comme sur la terre, les Saints nous représentent la plus belle image des attributs infiniment admirables du Seigneur : *Mirabilis Deus in sanctis suis.*

Cette parole exprime la plus éclatante manifestation de la sainteté de l'Église catholique : car, dans tous les siècles de son histoire, Dieu a fait briller au firmament de son Église autant de saints qu'il a fixé d'astres étincelants à la voûte des cieux : *Mirabilis Deus in sanctis suis.*

Cette parole, si les hommes sur la terre l'ont redite avec admiration quand un fils de leur race déchue et exilée surgissait du milieu d'eux avec l'auréole des plus héroïques vertus ; si les Anges des Cieux l'ont chantée en ouvrant leurs rangs à ce triomphateur orné des palmes de la victoire ; si l'Église militante l'a répétée avec des tressaillements d'amour et de reconnaissance en affirmant et sa fécondité inépuisable, et l'immuable fidélité des promesses de Jésus-Christ : notre siècle, à son tour, peut à bon droit la redire avec transport, la chanter avec les Anges, l'affirmer avec l'Église : *Dieu est admirable dans ses saints.* Car notre siècle aussi voit s'épanouir sous ses regards étonnés une radieuse floraison de sainteté ; et sur son horizon si couvert de sombres nuages, il peut contempler

(1) Monseigneur Fleury-Hottot, évêque de Bayonne.

comme une apparition lumineuse, comme un signe rayonnant d'espérance, de nouvelles constellations de Saints.

Je ne vous nommerai pas, Mes Frères, tous ceux que, dans le cours de notre siècle, Pie VII, Grégoire XVI et Pie IX ont inscrits dans les fastes sacrés de l'histoire des saints : il suffit de ceux que Léon XIII a canonisés ou béatifiés en l'année à jamais glorieuse de son Jubilé sacerdotal. Les nommer, c'est attester d'une manière éclatante la vérité de cette parole des Livres sacrés : « Dieu est admirable dans ses Saints, *Mirabilis Deus in sanctis suis.* »

En un siècle qui est le siècle de Marie, le siècle de l'Immaculée Conception et du Saint Rosaire, Dieu est admirable en offrant à notre culte, par la voix de Léon XIII, la sainteté des sept Bienheureux qui furent, de leur temps, les plus grands serviteurs et comme les premiers chevaliers de la Vierge Marie.

En un siècle qui compte d'aussi ardents défenseurs que d'acharnés adversaires des membres, des doctrines et des œuvres de la Compagnie de Jésus, Dieu est admirable en élevant sur les autels l'angélique sainteté du jeune novice Jean Berchmans.

Dans un siècle que transporte l'amour, la passion de toutes les libertés; qui applaudissait hier à l'émancipation des derniers esclaves du Brésil; qui plonge aujourd'hui ses regards explorateurs sur ce noir continent mystérieux, dont le plus grand mystère est encore un abîme d'esclavage, Dieu est admirable en nous montrant toutes les vertus du plus héroïque missionnaire des nègres, du plus intrépide adversaire de l'esclavage, de saint Pierre Claver, qui fut, pendant quarante années, non seulement l'apôtre, mais le serviteur et comme l'esclave des Noirs.

Enfin, Mes Frères, arrivons au Bienheureux dont le nom, le souvenir et l'amour suscitent à cette heure, sur tous les points de la France et du monde entier, les témoignages du respect, de la tendresse et de l'admiration de tous les cœurs : en un siècle où la question principale, la question de vie ou de mort, est l'enseignement, surtout l'enseignement du peuple, Dieu est admirable en proclamant Bienheureux, en plaçant sur les autels le fondateur du véritable enseignement, l'initiateur et le propagateur de l'enseignement populaire, le Vénérable JEAN-BAPTISTE DE LA SALLE, le Père de l'Institut des Frères des Écoles chrétiennes : *Mirabilis Deus in sanctis suis.*

Ah! ce cri d'admiration pour la plus belle œuvre de Dieu, pour les Saints de Dieu, il a eu de vibrants échos dans vos âmes, Mes Frères, durant ces fêtes solennelles en l'honneur du Bienheureux de la Salle; il a jailli de vos lèvres avec des prières ferventes; il

s'est inscrit dans les magnificences de cette cathédrale; il a éclaté
dans les transports de joie de tout ce peuple. Que dis-je? Comme
ces ondulations grandioses de votre immense Océan, quand la
main de Dieu les soulève en un point de sa surface, roulent de
proche en proche et vont retentir au large jusqu'aux plus lointaines
rives; ainsi dans toute l'étendue du monde catholique, dès que la
voix de Léon XIII a proclamé à Rome les titres infaillibles du
Bienheureux Jean-Baptiste de La Salle à l'admiration des fidèles,
cette voix du Pontife a majestueusement envoyé ses échos de l'Ita-
lie à la France, de Rome à Paris, à Nantes, à Bordeaux il y a quelques jours, à Bayonne aujourd'hui, demain à Pau et à Rouen; et
ainsi chaque jour, sur tous les points de la terre où se trouvent des
âmes catholiques et des enfants du Bienheureux de La Salle : *Mirabilis Deus in sanctis suis.*

La vie et les dons admirables du Fondateur, MES FRÈRES, si
beaucoup de ceux qui m'entendent n'étaient pas par leur éducation
les fils du Bienheureux de la Salle, et par conséquent, ne la con-
naissaient pas comme des enfants aiment à connaître la vie de leur
père bien-aimé, un ami des plus cordialement (1), des plus géné-
reusement dévoués à cette œuvre vous l'aurait admirablement
racontée lundi soir.

Son enseignement chrétien et populaire, une autre voix éloquente
et bien connue de vous tous, MES FRÈRES, un ardent champion de
cette cause sacrée (2) vous l'aurait exposée, hier au soir, de la
façon la plus complète et la plus magistrale, si déjà cette population
chrétienne de Bayonne, cette jeunesse élevée par les Frères des
Ecoles chrétiennes n'était pas un panégyrique vivant des bienfaits
de cet enseignement.

Il reste à parler de ses vertus, de sa sainteté : tâche bien au-dessus
de mes forces, MES FRÈRES, bien au-dessus de ce que vous attendez
de moi. Je l'essaierai néanmoins. Plaise au Seigneur de se servir de
ma faiblesse pour vous donner au moins une idée imparfaite de ses
héroïques vertus, comme il s'est servi de l'humilité admirable du
Bienheureux pour accomplir les plus grandes œuvres.

Proclamons-le d'abord sans la moindre hésitation, MES FRÈRES,
la sainteté c'est l'héroïsme : c'est l'héroïsme élevé à sa plus haute

(1) Le R. P. Arbelbide, missionnaire de Hasparren, prédicateur du
premier jour du *Triduum.*

(2) M. l'abbé Diharrassary, curé de Cambo, prédicateur du deuxième
jour du *Triduum.*

puissance, porté à la perfection la plus achevée dont soit capable la nature humaine. Cela est si vrai que partout où l'Eglise proclame la sainteté, c'est qu'elle y a constaté l'héroïsme. Nul chrétien n'est admis aux honneurs de la béatification, s'il n'est juridiquement établi qu'il a pratiqué, dans un degré héroïque, non seulement les vertus théologales de foi, d'espérance et de charité, mais encore les vertus cardinales de justice, de prudence, de force et de tempérance, ainsi que les vertus morales qui en sont les annexes. Et vous savez avec quelle rigueur l'Eglise instruit ces sortes de procès. Jean-Baptiste de La Salle a donc été un héros dans le sens le plus élevé de ce mot, puisqu'il fut un saint.

Or ce qui fait l'héroïsme, c'est d'abord une grande âme, c'est de plus un grand dévouement, c'est aussi une grande cause, c'est enfin une grande fécondité. Examinez avec attention toutes les actions qualifiées du nom d'actes héroïques — et l'humanité, grâce à Dieu, nous en offre le spectacle à toutes les époques et dans toutes les situations — ; examinez surtout ce qu'on peut appeler des vies héroïques — et vous n'en trouverez guère en dehors de la vie des saints — : partout l'héroïsme passager ou l'héroïsme permanent vous apparaît avec ces quatre éléments plus ou moins en relief : une grande âme, un grand dévoûment, une grande cause, et, ce qui est plus rare, une grande fécondité.

Et maintenant, montrez-vous devant nos regards, ô Bienheureux Saint, avec l'auréole de vos vertus que symbolise cette auréole radieuse de votre image ; vous que tant de villes virent passer dans une humilité si profonde, souvent investi du mépris universel, mais qu'elles saluent aujourd'hui comme un bienfaiteur insigne et un céleste protecteur ! Montrez-vous aux regards émus de vos enfants, ô Bienheureux de La Salle : leur amour d'enfants ne voit en vous qu'un père ; mais leur légitime fierté peut contempler en vous un héros, parce que vous fûtes un Saint.

I

Et d'abord, une âme grande et magnanime est le premier élément de tout héroïsme vrai comme de toute véritable sainteté.

MES FRÈRES, si l'on a dit avec raison que « le génie est le « son que rend une grande âme », on peut dire aussi : l'héroïsme, c'est le son vibrant que rendent un grand cœur, un grand courage et une grande volonté. Eh bien, prêtez l'oreille aux sons que rendent toutes les facultés, tous les sentiments, toutes les énergies de cette âme généreuse du Bienheureux de La Salle. Ne sentez-vous pas dans cette existence une foi grande comme l'Infini qui en est l'objet? une espérance aussi ferme, aussi invincible que la force de Dieu même? une humilité qui ne peut assez être rassasiée d'opprobre et d'avanies de toutes sortes? une pureté qui pénètre les cœurs de son divin arôme? un amour des âmes qui l'embrase de toutes les ardeurs de l'apostolat? une bonté, une charité, qui l'inclinent avec une tendresse de mère vers ce qu'il y a de plus faible et de plus apitoyant sur la terre, l'enfance, qui est la proie de l'ignorance et du vice, les enfants du pauvre peuple, les petits et les misérables qui se traînent par milliers dans l'abjection et la souffrance? Comme une mère qui verrait, gisant à terre, et en proie à toutes les douleurs, ses enfants bien-aimés, et qui se précipiterait pour les presser dans ses bras, les réchauffer sur son cœur et leur prodiguer les effusions de son amour : ainsi le Bienheureux de La Salle est venu ramasser à terre ces petits êtres, presque totalement abandonnés à son époque, pour les élever, les instruire, les moraliser et en faire cette vaillante classe du peuple chrétien et français, base solide de toute société, source féconde de toute force, où la patrie recrute ses ouvriers et ses soldats, et d'où l'Eglise enrôle, à son tour, ses prêtres, ses missionnaires et ses religieux.

Ah! elle a vu tout cela, cette âme magnanime, quand elle songeait à sa belle œuvre sous le regard de Dieu et dans le recueillement de ses prières incessantes. Et pour l'accomplir, pour que l'ouvrier fût grand comme son œuvre, il a réuni dans sa vie la perfection de toutes les vertus, tous les héroïsmes dont la sainteté est capable, toutes ces admirables choses que peut faire l'âme d'un saint emportée par le souffle de la grâce divine.

Aux yeux des Anges, voilà la vraie grandeur; aux yeux de Dieu, voilà les grandes âmes. Et l'Église, je l'ai dit, qui juge comme Dieu et ses anges, ne décerne la grandeur qu'à de pareilles âmes, dans les justes qu'elle inscrit au glorieux registre des Bienheureux et des Saints.

Vous êtes tous avec l'Église, MES FRÈRES, quand elle vous montre aujourd'hui dans l'existence du Bienheureux de La Salle le cachet de la véritable grandeur d'âme. Les idées mêmes de notre temps et de nos sociétés modernes, si éloignées parfois des doctrines de l'Église, se montrent d'accord avec elle en ce moment pour rendre hommage à ce jugement infaillible, et pour reconnaître une vraie grandeur dans ce vénérable instituteur des enfants du peuple, dans cet ami dévoué de l'humanité.

Jugez-en vous-mêmes par un parallèle que l'histoire me permet de placer sous vos regards. Dans cette même ville de Reims, où est né le Bienheureux de La Salle (1), du sein de cette population laborieuse, presque à la même rue, s'élevait au XVII· siècle une maison bourgeoise assez semblable à la maison natale de notre saint (?)· Sous les arceaux de sa façade se développaient en longs rayons les étoffes de l'industrie locale ; sur le fronton on lisait cette enseigne : *A la boutique du Long-vêtu.* C'est là qu'est né Jean-Baptiste Colbert (1) quelques années avant Jean-Baptiste de La Salle. Malgré des petitesses que l'impartiale histoire n'a pas à déguiser, Colbert fut un grand homme, l'un des ouvriers les plus infatigables de la gloire du grand Roi et de la gloire de la France. Colbert se montra animé du plus admirable dévoûment pour les vrais intérêts et la prospérité de sa patrie. En 1673, dans l'affaire d'une élection au trône de Pologne qui touchait à l'honneur de la France, Colbert, dans un langage à la fois positif et chevaleresque, faisait entendre dans les conseils du monarque ces paroles expressives : « Un repas « inutile de mille écus me fait une peine incroyable ; mais lors-« qu'il est question de millions d'or pour la Pologne, je vendrais « tout mon bien, j'engagerais ma femme et mes enfants, et j'irais « à pied toute ma vie pour fournir à la nourriture de nos troupes « et défendre l'honneur de nos armes (?) ».— Certes, un siècle plus tard, quand il s'agissait non plus de la succession au trône de Pologne, mais du partage même de l'assassinat de cette nation infortunée, tels ne furent point les sentiments et le langage du successeur du grand Roi, ni de ses indignes ministres. Mais passons sur un rapprochement qui met la tristesse dans l'âme, et presque la rougeur au front de tout vrai Français ! — Ce qui fait de Colbert un grand homme, ce n'est pas seulement la grandeur de son âme et de son dévoûment, et la grandeur du pays qu'il servait ; c'est aussi la fécondité de ses œuvres. Dans toute la durée du siècle de Louis XIV et du XVIII· siècle, l'adminis'ration créée par Colbert fut la source des grandeurs et des prospérités nationales.

Eh bien ! comparons de bonne foi, et sans chercher un paradoxe historique, comparons grandeur à grandeur, dévoûment à dévoûment ; mettons en balance les bienfaits des deux hommes pour leur patrie et pour l'humanité, surtout la fécondité, la permanence des

(1) Le 30 avril 1651.

(?) Rue de l'Arbalète, quartier St-Hilaire *Arch. munic. de Reims).*

(1) En 1619.

(2) Lettre à Louis XIV citée par Hubault *(Histoire de France).*

institutions qu'ils ont créées. Il y a deux cents ans que ces deux hommes, ces deux enfants de la même ville, ces deux membres de la même bourgeoisie se mettaient à l'œuvre, dans deux sphères si distinctes, mais avec un si éclatant succès : dites-nous quel est aujourd'hui celui qui a le mieux mérité de la France et de l'humanité ? quel est celui dont l'œuvre est la plus assurée de l'avenir ?

Et j'entends votre voix s'unir à la voix de la France entière, qui s'écriait, au lendemain de 1870, par le vote de l'Assemblée nationale, rendant une justice éclatante aux Frères du Bienheureux Jean-Baptiste de La Salle : « Ils ont bien mérité de la patrie ! » Et j'entends tous les peuples de l'Europe et toutes les contrées de l'univers redire avec transport les grandeurs de ce héros du christianisme. En sorte que si, dans nos sentiments patriotiques, nous pouvons dire : Colbert est un grand homme, sa gloire sera impérissable comme la gloire de la France ; dans notre foi de chrétiens, nous pouvons nous écrier avec plus d'assurance encore : Jean-Baptiste de La Salle fut un grand homme parce qu'il fut un Saint, et du jour où Léon XIII l'a proclamé Bienheureux, sa gloire sera immortelle comme la gloire de l'Église !

II

Il y a une chose au-dessus d'une grande âme capable des plus hautes conceptions ; c'est un grand cœur capable des plus héroïques dévoûments. Tel nous apparait encore le cœur du Bienheureux Jean-Baptiste de La Salle.

Le dévoûment s'ignore lui-même, il se méconnaît avec la plus candide sincérité et la plus héroïque bonne foi. Témoin saint Vincent de Paul, parvenu à l'âge de quatre-vingt-quatre ans, après un siècle presque de bienfaits incessants, après avoir enfanté pour l'Église et l'humanité des œuvres dignes de toute admiration, et qu'on entendait souvent murmurer en lui-même, dans l'abîme de son humilité : « Misérable, tu ne mérites pas le pain que tu manges ! » Témoin aussi le Bienheureux de La Salle, qui, après une vie de saints exemples, d'admirables vertus et d'éclatante perfection, mit tout en usage pour descendre à la dernière place de son Institut (1), « et parvenu enfin au comble de ses vœux, » on le voyait, disent les écrits contemporains, « servir à table, laver la vaisselle, « nettoyer lui-même ses souliers et balayer sa chambre, rendre

(1 Chapitre tenu en 1717.

« aux malades les services les plus repoussants ; se prosterner aux
« pieds de ses Frères, se traîner à genoux pour les leur baiser d'un
« air si contrit et humilié, qu'il tirait les larmes de tous les assis-
« tants. » Il ne voulut plus, dès ce jour, se mêler d'aucune chose
qui ressentit la supériorité ; et il répondait au bon Frère Barthélemy, son successeur : « Je ne suis rien que la bête de charge de
« la maison de Saint-Yon... Si vous voulez que l'Institut réussisse,
« il faut que je ne m'en mêle en aucune manière : parce que je
« suis plus capable de détruire que d'édifier. »

Le dévoûment s'oublie lui-même autant qu'il s'ignore. Ce mystère de profonde humilité, qui ne s'explique que par la grâce de
Dieu et les humiliations infinies de Jésus-Christ, parfait modèle de
tous les Saints, portait notre Bienheureux à se réputer criminel et
à se donner tort en toutes choses. « Sa vertu lui persuadait qu'il
« était responsable devant Dieu de toutes les persécutions et de
« toutes les infortunes qui arrivaient à sa congrégation, de toutes
« les fautes de ses inférieurs et de tout le bien qui ne se faisait pas. »
Il ne commandait qu'avec douleur ; et jamais sa joie ne fut plus
grande que quand il vit les Frères, peu d'années après la naissance
de l'Institut, mettre l'un d'eux à sa place de supérieur, sur ses plus
vives instances ; que quand il fut déposé et frappé d'interdit par
les autorités ecclésiastiques, induites en erreur ; que quand il dut
se réfugier et se cacher en Provence, durant l'un des plus violents
orages suscités contre lui. Il répétait sans cesse « qu'il gâtait tout. »
Il était même disposé à s'enfoncer, le reste de sa vie, dans quelque
solitude inconnue, pour y pleurer ses péchés et tous les maux dont
il se chargeait devant Dieu dans la conduite de son œuvre ; et il
l'eût fait, si la célèbre sœur Louise ne l'en eût détourné.

Souvent il tombait aux pieds des Frères d'école et de ceux qui le
maltraitaient, qui le trahissaient ou qui étaient prêts à déserter, et
il leur demandait pardon, en se déclarant le vrai coupable des
fautes qu'ils avaient commises ou qu'ils allaient commettre.

Étant un jour dans un jardin où il disait son office, le cheval qui
lui servait dans ses voyages entra dans le champ voisin, sans y
faire néanmoins de dégâts. Mais le propriétaire se précipite avec
une espèce de fureur sur le Bienheureux et lui donne un soufflet
sur la joue. Celui-ci, pour toute réponse, se met à genoux devant
cet homme brutal, en exprimant tout son regret de lui avoir causé
de la peine. Le furieux, surpris d'une telle humilité, se retire
interdit et confus. On ignorerait ce trait de vertu comme tant d'autres, si un Frère qui en fut témoin, n'en eût fait le récit édifiant.

Le dévoûment s'immole. Or, comment dépeindre cette soif d'immolation et de sacrifices dans le Bienheureux Jean-Baptiste de La Salle? Laissons encore parler les faits.

Fils d'un conseiller du Roi au présidial de Reims, il pouvait prétendre aux charges les plus honorables de la magistrature : il sacrifie toutes ces espérances flatteuses que lui offre le monde pour embrasser le sacerdoce. Docteur en théologie, membre du Chapitre métropolitain, il pouvait aspirer du moins aux plus éminentes dignités de l'Église : il y renonce pour recueillir et former dans sa maison natale les premiers membres de l'Institut. « On ne put se « faire à l'idée, dit toujours son premier et naïf historien, de voir « un docteur estimé, un riche chanoine, le descendant d'une grande « famille de la province, se condamner à vivre avec des hommes « pauvres et simples et ne s'occuper que des intérêts des petites « gens. Toute sa parenté s'irrita contre lui et lui retira même ses « jeunes frères et sœurs, pour soustraire, dirent-ils, leur éducation « à de funestes influences (1). » Il va plus loin encore. Pourvu d'un riche patrimoine, il le sacrifie tout entier pour devenir le pauvre volontaire de Jésus-Christ. Durant le rigoureux hiver de 1684, Reims et la Champagne sont en proie à la famine. Le Bienheureux de La Salle distribue tous ses biens. « Il donnait environ cent pis- « toles par jour, dont il faisait quatre parts, » disent les archives de la cité : « la première servait à nourrir ses élèves pauvres et les Frères « du Saint-Enfant-Jésus (2); la seconde était partagée entre les « indigents, auxquels avant d'offrir aucune aumône matérielle, il « expliquait le catéchisme; il distribuait la troisième aux femmes « nécessiteuses; enfin la quatrième était réservée aux pauvres « honteux (3). » Témoins de ce dépouillement complet, beaucoup admirèrent la conduite de l'héroïque serviteur de Dieu; mais beaucoup aussi la taxèrent de folie; et cette opposition des senti- ments qu'il inspirait se dépeint au vif dans la parole de deux de ses amis : « Priez pour ce pauvre Monsieur de La Salle qui perd « l'esprit! disait l'un d'eux. — Rien de plus vrai, répondit l'autre; « mais c'est l'esprit du monde qu'il perd pour se remplir de l'esprit « de Dieu. »

Voulez-vous, Mes Frères, le dernier terme de cette soif de dévoûment qui le dévore? Considérez notre Saint dans cette maison

---

(1) *Vie du Vénérable serviteur de Dieu Jean-Baptiste de La Salle,* par le chanoine Blain, publiée pour la première fois en 1733.

(2) C'était le nom dont on désignait alors ses religieux.

(3) Manuscrits de la municipalité de Reims.

de Saint-Sulpice, où il a enduré de si cruelles épreuves. Il est épuisé et en proie à de violentes douleurs ; son mal a fait de tels progrès, que les Frères ont des craintes sérieuses pour sa vie. Le docteur Helvétius, le plus célèbre médecin de l'époque, appelé au chevet de l'humble malade, épuise en vain toutes les ressources de son art. Sans doute, le Bienheureux de La Salle se montre profondément attendri des soins qu'on lui prodigue; mais dans son humilité, héroïque comme sa patience, il répète souvent aux bons Frères : « Hélas ! mes chers enfants, combien je regrette « de vous être à charge ! Transportez-moi à l'hôpital. Je suis « pauvre, je dois mourir avec les pauvres ! » Les Frères ne peuvent lui répondre que par leurs sanglots, leur tendresse filiale, et la ferveur de ces prières qui obtinrent du ciel, pour quelques années encore, la vie de leur fondateur, de leur ami, de leur père.

Voilà comment la sainteté se montre héroïque dans son dévoûment, Mes Frères. Ce n'est pas seulement à une heure de danger suprême, et dans un élan de généreux enthousiasme, que ce dévoûment éclate et sacrifie tout : il se montre aussi élevé, aussi égal à lui-même, à tous les instants, dans toutes les circonstances et tous les actes d'une longue vie. Tandis que la grandeur des héros humains s'abaisse et descend à notre niveau, dans toutes ces situations vulgaires et ces actions communes qui composent la trame de la vie humaine, la grandeur des héros chrétiens, la sublime perfection des Saints, s'y révèle à chaque moment, comme dans son état habituel, et y déploie ses plus admirables exemples. Ces simples détails de la vie du Bienheureux de La Salle vous en offrent une preuve frappante et vous font vous écrier malgré vous : Plus il est humble, plus il me semble héroïque !

III

Le véritable héros se dévoue pour une grande cause. Or à quels intérêts majeurs, à quelle cause de premier ordre le Bienheureux Jean-Baptiste de La Salle a-t-il consacré sa vie et son œuvre ? A ce qu'il y a de plus grand sur la terre, aux âmes ; à ce qu'il y a de plus digne de l'intérêt d'un cœur magnanime, aux âmes des faibles, des petits, des misérables, aux âmes des enfants du peuple.

L'âme de l'enfant du peuple ! c'est l'âme du pauvre, de l'ouvrier, du travailleur de nos villes et de nos campagnes : il faut du moins qu'elle trouve la grande richesse qui lui est due et le seul aliment qui la réconforte, le pain de la vérité !

L'âme de l'enfant du peuple! c'est l'âme de la famille, c'est l'âme de la nation même : et il importe au bonheur de la famille et aux destinées de la nation, que cette âme soit bien trempée dans l'abnégation et le patriotisme.

L'âme de l'enfant du peuple ! c'est l'âme de ce peuple même, ce sont les racines de ce grand arbre. Et les fruits de cet arbre dépendront de la sève qui viendra imprégner ces racines ; et l'avenir de ce peuple est dans le germe de ces jeunes générations. L'âme de l'enfant ! un grand poète, penché sur elle comme un explorateur anxieux sur l'abîme qu'il sonde de son regard, s'écriait avec un accent de vérité :

> Le cœur de l'homme vierge est un vase profond.
> Lorsque la première eau qu'on y verse est impure,
> La mer y passerait sans laver la souillure :
> Car l'abîme est immense et la tache est au fond (1).

Mais deux siècles avant lui, le Bienheureux Jean-Baptiste de La Salle s'était penché lui aussi sur ce vase divin et profond qui est l'âme de l'enfant du peuple, non plus pour y distiller le corrosif des fausses doctrines, de la haine et du désespoir ; mais pour y verser la douce rosée de la foi, de l'espérance et de l'amour, avec les premiers rayons de l'instruction et les notions salutaires de la morale chrétienne.

L'âme de l'enfant du peuple ! mais elle anime seule ces nouvelles couches dont on a salué l'avènement avec des accents inspirés par le délire révolutionnaire. Ces nouvelles couches, sans doute, il faut les appeler à la surface, à la lumière du grand jour : mais non pas comme ces feux souterrains qui les font jaillir en éclats volcaniques et en laves brûlantes à la surface de la société qu'elles bouleversent ; mais comme ces pluies bienfaisantes qui les atteignent à la place même que Dieu leur a assignée dans les fondements de l'édifice social ; qui leur donnent la vie, la fécondité, la vraie richesse, en les pénétrant et les transformant sans violence et sans secousses. Et voilà deux siècles que le Bienheureux de La Salle et les Frères qu'il a institués ne cessent d'être en contact avec ces couches profondes, les éclairant, les vivifiant, les transformant, et y accomplissant ce travail obscur et silencieux, mais le plus salutaire, qui prépare les vertus et le bonheur d'un grand peuple.

L'âme des enfants du peuple ! Il y a peu d'années, dans un de ses

____

(1) Alfred de Musset.

écrits incendiaires, Bakounine, le chef des nihilistes, s'écriait :
« Allons au peuple ! » Et cette parole du conspirateur sinistre était
comme l'étincelle électrique qui va au loin enflammer des amas de
poudre et de dynamite avec une explosion formidable. Eh bien,
Mes Frères, il y a deux siècles le Bienheureux Jean-Baptiste de
La Salle s'est écrié aussi en s'adressant à ses bons Frères : « Allons
au peuple ! » Allons à son âme par une vie comme la sienne ;
allons à sa pauvreté par une existence d'indigence et de labeur ;
allons à son cœur en l'aimant ; allons à son esprit en l'éclairant ;
allons à ces enfants en nous dévouant pour eux ! Allons au
peuple afin de le porter à Dieu, et qu'en nous saluant du nom de
Frères, en nous appelant *chers Frères*, ah ! il sente bien que nous
sommes la chair de sa chair et l'os de ses os ! qu'avec lui enfin
nous avons une même origine, une même existence et une même
destinée !

Non, il n'y a pas de cause qui soit plus digne de susciter les
dévoùments les plus héroïques ! Non, il n'y a pas d'intérêt plus
profond dans l'humanité, ni de question plus vitale dans le siècle
où nous sommes !

C'est à cette cause que s'est dévoué le Bienheureux de La Salle
avec ses Frères. Quand la France, après 1870, remontant de l'abîme
qui avait failli l'engloutir, a voulu reconnaître les plus dévoués
serviteurs de cette cause, c'est à l'ordre tout entier, c'est à l'Institut
pris en masse, qu'elle a rendu hommage : de même que, dans ces
combats où tous les hommes d'un régiment se sont battus en héros,
c'est le drapeau que l'on décore.

IV

Enfin je vois dans les œuvres des Saints, comme attribut spécial
de ces héros du christianisme, la fécondité. Or l'œuvre du Bienheureux de La Salle a été féconde en résultats merveilleux ; et de
nos jours, plus que jamais, le monde en recueille les bienfaits.

Lorsque le Bienheureux était sur son lit de mort, l'un des Frères
présents exprimait des craintes relatives à l'avenir de l'Institut.
Depuis six mois on n'avait reçu que trois novices, parmi lesquels
deux, en peu de jours, s'étaient endormis dans le Seigneur. « Notre
« Institut, ajoutait-il, n'a pas de lettres patentes ; et c'est pour nous
« un motif sérieux d'appréhender sa chute plus ou moins pro-
« chaine. » Aussitôt le Bienheureux se soulève et dit ces paroles :
« Dans peu d'années on verra un grand changement : l'Institut

« deviendra très florissant ; et il fera un grand bien dans la province
« et même dans tout le royaume. » C'étaient le regard prophétique
et les accents du patriarche Jacob, bénissant ses fils rassemblés
autour de lui, et saluant en eux les destinées du peuple de Dieu.

Quand le Bienheureux de La Salle s'éteignit de sa sainte mort (1),
il laissait déjà trois cents Frères, dix mille élèves et vingt-trois
maisons de son Institut. Le grain de sénevé qu'il avait planté était,
de son vivant même, devenu un grand arbre, et les oiseaux du ciel
commençaient à s'abriter sous son ombrage. Mais aujourd'hui le
grand arbre étend ses rameaux sur l'univers entier. On y compte
douze mille Frères, dix-huit cents maisons et quatre cent mille
enfants. Ils sont à Paris et à Rome, à Constantinople et à Jérusalem ;
ils sont en Océanie et dans la Haute-Egypte, aux Indes et au
Canada. Ils ont traversé le XVIIIᵉ siècle en purifiant et assainissant
par leur enseignement populaire et leurs saints exemples la classe
du peuple, tandis que la littérature et la philosophie de
Voltaire corrompaient si profondément les classes supérieures. Ils
ont passé à travers la Révolution en donnant leurs martyrs à la
religion ; et, l'orage passé, les vénérables débris de cette armée ont
fourni les premiers ouvriers pour reconstituer l'ordre social.

Le secret de cette vivace fécondité réside dans l'esprit religieux
qui les anime ; et cet esprit me semble admirablement condensé
dans ces paroles du Frère Barthélemy, le premier successeur du
Bienheureux, écrivant à un de ses religieux : « Ayez bon courage,
« mon cher Frère et ami ; oui, ayez bon courage ! Tout dépend de
« vous donner d'abord à Dieu avec ferveur ; mais il faut en venir
« là, et ne pas mener une vie languissante, moitié sensuelle et
« moitié mortifiée. Bon courage donc, mon cher Frère et ami !
« J'espère que N.-S. nous aidera lui-même, et qu'il placera sur nos
« fronts une couronne royale, si nous le servons en braves et fidèles
« soldats. L'éternité est assez longue pour se reposer des petits
« travaux de cette vie. » Les hommes qui parlaient ainsi agissaient
de même, et c'est ce qui explique la fécondité de leur action.

Et ne me donnez-vous pas le droit, MES FRÈRES, de vous prendre
vous-mêmes à témoin de cette fécondité ? Lorsqu'en 1820, les
Frères des Ecoles chrétiennes vinrent fonder leur premier établis-
sement à Bayonne, ils étaient au nombre de trois ; et aujourd'hui
cinquante d'entre eux suffisent à peine à cultiver ce champ de leur
enseignement populaire. Alors aussi les cloîtres de cette cathédrale, unique asile des écoles populaires du moyen-âge, furent le

____
(1) Le 7 avril 1719.

premier abri des deux classes qui formaient la seule école des enfants du peuple : et aujourd'hui, il faut encore que l'Église étende les ailes de sa charité pour abriter avec l'instruction chrétienne les nombreuses classes des écoles libres.

Alors la main d'éminents ecclésiastiques serrait d'une étreinte fraternelle la main de généreux laïques pour fonder l'enseignement du peuple : c'étaient les chanoines Thibault, Duhalde, Barbaste qu'il faut nommer comme fondateurs ou bienfaiteurs insignes, avec les Lormand, les Lahirigoyen et ce vénérable nonagénaire dont le nom est sur vos lèvres comme son estime est dans vos cœurs. (1). Et aujourd'hui la même étreinte fraternelle, cordiale, généreuse, unit ensemble la main de prêtres et de laïques dignes de leurs devanciers, pour perpétuer les mêmes bienfaits de l'enseignement chrétien, la même fécondité de l'œuvre du Bienheureux de La Salle. Elle était hier, cette main ouverte, dans la main de M. Laparade; elle est aujourd'hui, elle restera toujours dans la main de ses successeurs !

Au milieu des terribles combats que la France, surprise et vaincue par le nombre, livrait autour de sa capitale assiégée, les Disciples du Bienheureux de La Salle s'en allaient, vous le savez, sereins, impassibles, recueillir et soigner les blessés sur les champs de bataille, à travers la mitraille et la mort. En présence de leur courage et de leur dévouement, un général s'émeut, et sous le feu de l'ennemi, il salue le chef de ces héroïques phalanges par ces paroles : « Vous êtes admirables, vous et les vôtres (1). »

Au milieu des luttes présentes que vous soutenez si vaillamment, et dont l'existence des Frères et l'Enseignement chrétien sont l'enjeu; au milieu de ces combats entre l'Eglise et la Révolution qui se disputent l'âme des enfants du peuple, vous venez de voir aussi, Mes Frères, le Pontife suprême, non plus dans le désastre de la défaite, mais au jour de victoires sans égales, prenant par la main le chef de ces légions héroïques, le Père de ces douze mille apôtres de l'instruction du peuple et de la civilisation chrétienne, le Bienheureux Jean-Baptiste de La Salle, le plaçant sur les autels, et lui disant aux acclamations de l'univers catholique : « Vous êtes « admirables, vous et les vôtres! et Dieu est admirable dans ses « Saints! *Mirabilis Deus in sanctis suis.* »

(1) M. Dubrocq, âgé de 97 ans.

(1) Selon d'autres historiens, cette parole serait du célèbre docteur Ricord (*voir* Général Ambert, M. de Lyden).

Le Bienheureux qui est l'objet de ce *Triduum* solennel, que vous honorez d'un culte où les cœurs des fils et des Frères ont autant de part que la foi et les sentiments des chrétiens et des fidèles, aurait-il des droits particuliers, de notre part, à un culte de famille? Serait-il de notre pays par son origine? et aurait-il, par ses ancêtres, ses plus anciennes racines dans ce peuple Basque, aussi ardent que fidèle? Je ne déciderai pas cette question, Mes Frères. Mais sans la trancher, il doit nous être bien doux d'appartenir à un coin de terre catholique, assez privilégié pour compter autour de lui, d'un côté, le berceau de saint Vincent-de-Paul, l'apôtre de la charité qui soulage les misères du corps; d'un autre, le berceau de saint François-Xavier, l'apôtre de la charité qui soulage les misères de l'âme; et peut-être aussi, le berceau du Bienheureux de la Salle, l'apôtre qui se voua à soulager l'ignorance et les misères de l'esprit. J'en bénis le Ciel avec une juste fierté; et je me dis : Ce petit coin de terre catholique, cet espace étroit qu'enserrent les Pyrénées et l'Océan; cette région du Béarn, du Pays Basque, de la Soule et du Labourd, gardera sa foi, sa religion, ses traditions et ses vertus chrétiennes, grâce à la bénédiction de ces berceaux : comme dans nos vallées, certains lieux enchanteurs conservent leur verdure, leur fraîcheur, leur fécondité et leurs ravissantes solitudes, grâce aux sources cachées qu'ils possèdent.

Mais surtout elle gardera ce précieux trésor, en gardant ses Frères des Écoles chrétiennes! Oh! c'est là le dernier mot de ce discours, c'est le dernier cri que je voudrais faire entendre à vos cœurs avec toute l'ardeur dont le mien est capable! Gardons nos Frères! Au nom de tout ce qui vous est cher en ce monde; au nom de vos devoirs les plus sacrés, au nom des âmes immortelles de vos enfants, au nom de la liberté la plus inviolable de toutes, la liberté des pères de famille : Gardons nos Frères! C'est le cri qui vous inspira cet élan si généreux, en 1884, pour créer vos belles écoles libres. C'est le cri qui, chaque année, vous fait renouveler tant de sacrifices bénis du Ciel qui les récompensera; bénis des enfants auxquels vous assurerez l'inestimable bienfait d'une éducation chrétienne; bénis des chers Frères qui leur consacrent toute leur vie; bénis du Bienheureux de La Salle dont vous êtes les coopérateurs infatigables.

Gardons nos Frères ! C'est le cri qui retentit encore dans vos âmes généreuses, à travers cette tombe mouillée de tant de larmes ! C'est le cri de M. Laparade, dans l'étreinte suprême qu'il donnait, avant d'expirer, au cher Frère qui fut presque le seul témoin de son dernier soupir ! Et en quels termes touchants, Monseigneur, votre voix, du haut de cette même chaire, en présence de cette paroisse en deuil, devant la dépouille du Pasteur qui avait tant fait pour cette œuvre des Frères et des écoles libres, en quels termes émus, vous avez béni le bon frère Ildefonse d'avoir remplacé au chevet du Pasteur mourant, et ses nombreux amis, et ses chers paroissiens, et son Evêque absent ! d'avoir recueilli, avec son dernier regard, le suprême espoir de la durée de son œuvre !

O Bienheureux Jean-Baptiste de La Salle, ces fêtes que la ville de Bayonne célèbre en votre honneur, resteront un gage de ces résolutions, de ces espérances et de cet avenir ! Votre intercession dans le ciel, vos bénédictions dans les âmes de vos Frères et de vos enfants, seront une nouvelle source de bienfaits pour ce peuple qui s'en est montré si digne ! Agréez de ma faible bouche, agréez surtout de tous ces cœurs ardents, l'éloge et la prière qui se lisaient en lettres de feu, dans une inscription latine, à l'intérieur de Saint-Louis-des-Français, durant le *Triduum* triomphal que Rome vous décernait, il y a deux mois :

« Bienheureux Jean-Baptiste de La Salle, disait-elle, — avec cette ampleur que possède seule la langue du peuple-roi, — prêtre et modèle du Sacerdoce, *prêtre romain*, comme vous le proclamiez en face du Jansénisme irrité, prêtre aussi romain que bon Français, nouvelle lumière, nouvel astre de sainteté, qui vous êtes levé sur la France :

IONNES. BAPTISTA. DE. LA. SALLE

SACERDOS

NOVA. GALLIAE. LVX. NOVVMQVE. SIDVS

« C'est à votre sagesse éclairée des rayons divins de la grâce, c'est à vos institutions, à vos règles, à vos prescriptions si bien confirmées par vos héroïques exemples, que l'éducation des enfants, confiée aux Frères des écoles chrétiennes, est redevable des fruits les plus abondants pour la religion et pour la patrie :

TVAE. SAPIENTIAE

DIVINIS. COLLVSTRATAE. RADIIS

DANDVM. EST

SI. IVVENVM. INSTITVTIO

SODALIBVS. A. SCHOLIS. CHRISTIANIS. CONCREDITA

TVISQVE. LEGIBVS. ET. PRAESCRIPTIS. MVNITA

VBERES. IN. RELIGIONEM

INQVE. REM. PUBLICAM

EXTVLIT. FRVCTVS

« O Bienheureux Jean-Baptiste, fondateur providentiel d'une
œuvre si féconde et si appropriée au bonheur de tous, surtout aux
besoins des temps présents, assistez-nous, et tenez-vous auprès de
tous ceux qui combattent dans la même arène :

IOANNES. BAPTISTA

COMVNIS. BONI. AVCTOR. CONSVLTISSIME

OMNIBVS. IN EADEM. PALESTRA. DESVDANTIBUS

ADSIS

« Soyez notre chef; montrez-nous la route, afin que cette enfance,
élevée dans le bien et les bonnes mœurs, croisse en vertus et
réponde à l'attente et aux labeurs des maîtres qui la cultivent,
réponde aussi à l'attente et aux vœux des fidèles qui les secondent
par des sacrifices dignes des récompenses célestes : »

VT. TE. DVCE. TE. MONSTRANTE. VIAM

IVVENTVS. PROBE. MORATA. ADOLESCAT

ET. CVLTORVM. LABORI. ET. VOTIS

RESPONDEAT

C'est l'ardente prière, ce sont les vœux ardents pour lesquels,
Monseigneur, j'implore votre bénédiction sur nous tous.

Bayonne — Impr. Lasserre, rue Gambetta, 20